este libro es de:

_____

# historias bíblicas
### para compartir
# un abrazo

**AUTOR:**
## Stephen Elkins

**ILUSTRACIONES:**
## Simon Taylor-Kielty

Tyndale House Publishers, Inc.
Carol Stream, Illinois, EE. UU.

Visite Tyndale para niños: www.tyndale.com/kids.

*Historias bíblicas para compartir un abrazo* y *Comparte un abrazo con alguien a quien amas* son marcas de Wonder Workshop.

*TYNDALE* y el logotipo de la pluma son marcas registradas de Tyndale House Publishers, Inc.

El logotipo de Tyndale Niños y el logotipo de Tyndale Kids son marcas de Tyndale House Publishers, Inc.

*Historias bíblicas para compartir un abrazo*

Autor: Stephen Elkins

Ilustración de la portada del corazón © Christina Veit/iStockphoto. Todos los derechos reservados.

Ilustraciones: Simon Taylor-Kielty © Stephen Elkins. Todos los derechos reservados.

Diseño: Kimberly Sagmiller para Wonder Workshop y Jacqueline L. Nuñez

Traducción al español: Raquel Monsalve

Edición del español: Mafalda E. Novella

El texto bíblico sin otra indicación ha sido tomado de la *Santa Biblia*, Nueva Traducción Viviente, © Tyndale House Foundation, 2010. Usado con permiso de Tyndale House Publishers, Inc., 351 Executive Dr., Carol Stream, IL 60188, Estados Unidos de América. Todos los derechos reservados.

Versículos bíblicos indicados con RVR60 han sido tomados de la *Santa Biblia*, versión Reina-Valera 1960. © 1960 Sociedades Bíblicas en América Latina; © renovado 1988 Sociedades Bíblicas Unidas. Utilizado con permiso. *Reina-Valera 1960*™ es una marca registrada de la American Bible Society, y puede ser usada solamente bajo licencia.

Para información sobre la fabricación de este producto, favor de llamar al 1-800-323-9400.

ISBN 978-1-4143-8359-0

Impreso en China
Printed in China

| 19 | 18 | 17 | 16 | 15 | 14 | 13 |
|----|----|----|----|----|----|----|
| 7  | 6  | 5  | 4  | 3  | 2  | 1  |

# contenido

En el principio ............................................................ 10

Dios creó a las personas ......................................... 12

Yo le puedo agradar al Señor .............................. 14

Caminando con Dios ............................................... 16

La gente se rió de Noé .......................................... 18

Dios cumple sus promesas .................................... 20

Ama, escucha y obedece ....................................... 22

La amabilidad comienza conmigo ....................... 24

Ángeles en la escalera ........................................... 26

La túnica de muchos colores ................................ 28

José no se vengó ...................................................... 30

El bebé en la canasta ............................................. 32

Una trabajadora fiel ............................................... 34

Dios peleará por mí ................................................ 36

Pan del cielo como copos de nieve .................... 38

Lo que hace la gente que ama ............................ 40

Bendecidos para ser una bendición ................... 42

Un Dios que salva ................................................... 44

Hazlo como Dios te dice que lo hagas ............. 46

El cántico de alabanza de Débora ..................... 48

Dios vio a un guerrero ........................................... 50

Dios hizo fuerte a Sansón ..................................... 52

«Adonde tu vayas, yo iré». .................................... 54

A veces debemos esperar ............................................ 56

«Habla, Señor, que tu siervo escucha». ..................... 58

David y Goliat ........................................................... 60

La *T* y la *C* de la amistad ..................................... 62

La pacificadora ........................................................ 64

Los cuervos le traen comida a Elías ......................... 66

Escucha y obedece .................................................. 68

Una oración contestada ........................................... 70

Honra a Dios con tu A-M-O-R .................................. 72

Esta muralla comienza con oración .......................... 74

Una testigo valiente ................................................. 76

Consuela a mi pueblo .............................................. 78

David, el niño pastor ................................................ 80

¡Jesús viene! ........................................................... 82

Lluvias de bendición ................................................ 84

Adoremos al Señor .................................................. 86

Daniel en el foso de los leones ................................ 88

¡Obedece la primera vez! ........................................ 90

El Mesías en un pesebre .......................................... 92

Háblales a todos del Salvador .................................. 94

Creces aprendiendo ................................................. 96

Juan el Bautista ....................................................... 98

Pescadores de personas ........................................ 100

Practica lo que Jesús predicó ................................. 102

Los que cambian vidas ........................................... 104

¡Él ya lo sabe! ....................................................... 106

Mi primer amor y el mejor de todos ............ 108

Sigue llamando ............ 110

¡Jesús es tu Roca sólida! ............ 112

Jesús calma la tormenta ............ 114

Cómo tener una fe gigante ............ 116

La ovejita perdida ............ 118

Amigos con fe ............ 120

El almuerzo de un muchachito ............ 122

¡Jesús ama a los niños! ............ 124

¡Llamando al doctor Jesús! ............ 126

Ve y haz lo mismo ............ 128

María y Marta ............ 130

Dale gracias a Dios todos los días ............ 132

«¡Quiero ver a Jesús!» ............ 134

Hagan esto para recordar ............ 136

¡Ha resucitado! ............ 138

Esteban perdona ............ 140

Prepárate para compartir ............ 142

Cambiado en el camino a Damasco ............ 144

¡Es un milagro! ............ 146

Juan Marcos ............ 148

¡La cárcel se sacude! ............ 150

El amor en acción ............ 152

Sirve a Jesús sirviendo a otras personas ............ 154

Ámense los unos a los otros ............ 156

Estimados padres y abuelos:

Todos necesitamos amor y manifestaciones de afecto en nuestra vida, y ¡qué manera mejor que decir «te amo» que con un fuerte abrazo! *Historias bíblicas para compartir un abrazo* ¡inspirarán a su hijo o a su nieto a querer aprender más de Dios y a buscarlo y servirlo con un corazón lleno de gozo!

En este libro, los niños aprenderán sobre el amor de Dios al mismo tiempo que se acercarán más a usted. Esta colección de eternas historias bíblicas creará una agradable experiencia para usted y para su hijo o su nieto. Cada historia termina con un abrazo, y eso hará que el tiempo que pasan juntos sea aún más especial al fomentar un lazo más fuerte que ayudará a que el niño se sienta seguro y amado.

A medida que lee estas sencillas lecciones bíblicas, observe cómo su niño anticipa el abrazo que lo espera al final del relato. Lean estas historias los dos juntos, y hable con el niño acerca de cómo aplicar las lecciones a la vida diaria.

Mi oración es que a través de este libro usted y su hijo o su nieto atesoren el tiempo que pasan juntos, aprendiendo y compartiendo un abrazo tras otro. ¡Todos nosotros necesitamos un abrazo, y todos necesitamos al Señor!

# En el principio
## Génesis 1

En el principio, Dios
creó los cielos
y la tierra.
(Génesis 1:1)

10

Imagínate un tiempo cuando no había pájaros. Tampoco existía el cielo para que ellos pudieran volar. Al principio, solo existían Dios y un universo enorme y vacío. ¡Pero eso estaba a punto de cambiar!

### ¿Cómo lo cambió Dios?

Dios habló, y creó todas las cosas. Dios dijo: «Que haya luz», y hubo luz. Luego dijo: «Que haya peces y animales». Dios creó todas las cosas, y ¡todo era bueno!

### ¿Creó Dios también a la gente?

Sí, Dios lo hizo.

Dios hizo a las ballenas y a los caracoles, a los hipopótamos y a las gallinas. Pero luego hizo su creación más grande: ¡los seres humanos! Y de Adán, que fue el primer hombre, y de Eva, que fue la primera mujer, procede toda la gente del mundo, ¡incluyéndote a ti!

hora de ¡abrazos!

Al que fue creado por Dios... dale un fuerte ¡abrazo!

# ♡ Dios creó a las personas

Génesis 2:7-23

«Yo los hice y cuidaré de ustedes».
(Isaías 46:4)

La Biblia nos dice que Dios creó los cielos y la tierra. Él creó al primer hombre y le puso el nombre de Adán. Luego Dios creó a Eva, la primera mujer. ¡Adán y Eva fueron la primera familia de Dios!

### ¿Qué más creó Dios?

La Biblia dice que Dios creó todas las cosas. Él hizo el sol, la luna, las estrellas, los animales que viven en la tierra y los peces que nadan en el mar. ¡No hay nadie como nuestro Dios!

### ¿Dios también me hizo a mí?

Sí, ¡él te creó a ti!

Dios eligió el color de tu cabello y de tu piel. Formó tu naricita, y los dedos de tus manos y de tus pies. ¡Él te creó con un propósito y te ama tal como tú eres!

Al que Dios ama... dale un fuerte ¡abrazo!

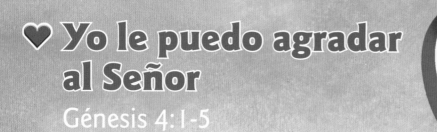

# ♥ Yo le puedo agradar al Señor

## Génesis 4:1-5

**Vivan de una manera que le agrada a Dios.**
(1 Tesalonicenses 4:1)

Caín y Abel eran hijos de Adán y Eva, y formaron parte de la primera familia que creó Dios. Pero esos dos muchachos fueron muy diferentes. Caín, que fue el hijo mayor, era agricultor. Abel era pastor de ovejas. Pero a los ojos de Dios, la diferencia entre ellos era mucho más grande.

❤️ **¿Cómo eran diferentes para Dios?**

Abel hizo cosas que le agradaban a Dios. Pero Caín no. ¿En qué forma agradó Abel a Dios? Él amaba a Dios y obedecía sus mandamientos.

❤️ **¿Cómo puedo yo agradar a Dios?**

¡Obedeciendo sus mandamientos!

A Dios le agrada cuando leemos la Biblia y hacemos las cosas que él quiere que hagamos... como amarlo a él y ser amable con otras personas. ¡Hagamos las cosas que le agradan a Dios!

hora
de
¡abrazos!

**Al que agrada a Dios... dale un fuerte ¡abrazo!**

# ♥ Caminando con Dios

Génesis 5:18-29; Judas 1:14-15

**Caminó [...] Enoc con Dios.**
(Génesis 5:24, RVR60)

Enoc fue el bisabuelo de Noé. La Biblia dice que él caminó con Dios durante 365 años. Enoc amaba a Dios y cumplía sus mandamientos. Él le hablaba a la gente las palabras que Dios le decía que dijera. Cuando fue anciano, no murió, sino que ¡Dios se lo llevó al cielo!

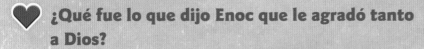

💜 **¿Qué fue lo que dijo Enoc que le agradó tanto a Dios?**

Enoc dijo: «El Señor vendrá algún día con miles de ángeles. Amen al Señor con todo su corazón y dejen de hacer cosas malas». Ese fue el mensaje que le agradó tanto a Dios.

💜 **¿Es cierto todavía hoy lo que dijo Enoc?**

¡Sí, lo es!

La Biblia dice que Jesús va a regresar algún día. Y cuando él venga, todo ojo lo verá. Así que, camina con Dios como lo hizo Enoc. ¡Ama a Dios y obedece sus mandamientos!

hora de ¡abrazos!

**Al que camina con Dios... dale un fuerte ¡abrazo!**

# La gente se rió de Noé

## Génesis 6–8

Noé era un hombre bueno que amaba a Dios. Un día Dios le dijo a Noé que construyera un barco muy grande llamado arca. Dios le dijo: «Constrúyelo lo suficientemente grande como para que pueda caber allí una pareja de cada especie de todos los animales».

**¿Qué fue lo que hizo Noé?**

Él obedeció aunque no había río ni océano en muchos kilómetros de donde él vivía. ¡Tampoco había llovido antes sobre la tierra! Cuando la gente vio el arca de Noé, se rieron mucho. «¿Por qué estás construyendo un barco aquí, Noé? ¿Estás loco?»

 **¿Se reirá de mí la gente si hago lo que Dios me dice que haga?**

Tal vez, pero aun así debes obedecer a Dios.

La gente se rió de Noé cuando obedeció a Dios. También se rieron de Jesús. Así que no te sorprendas si se ríen de ti por obedecer la Palabra de Dios. Solo recuerda... ¡la gente dejó de reírse cuando comenzó a llover!

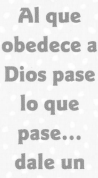

hora de ¡abrazos!

Al que obedece a Dios pase lo que pase... dale un fuerte ¡abrazo!

# ♡ Dios cumple sus promesas

## Génesis 18:1-15; 21:1-7

El Señor siempre cumple sus promesas.
(Salmo 145:13)

Dios les prometió a Abraham y a Sara que tendrían muchos hijos.
Pero los años pasaban y ellos no tenían ninguno. Ahora Abraham
y Sara tenían más de 90 años de edad, y creyeron que Dios se
había olvidado de ellos.

💜 **¿Se olvidó Dios de la promesa que les había hecho a
Abraham y a Sara?**

¡No! Cuando Abraham tenía 99 años de edad, el Señor le dijo:
«Sara tendrá un hijo». Sara se rió porque ¡era demasiado vieja
para tener hijos! Pero nuestro Dios siempre cumple sus promesas.
Sara tuvo un hijo y lo llamó Isaac.

💜 **¿Me ha hecho Dios alguna promesa a mí?**

Sí, ¡te ha hecho promesas a ti!

Hay muchas promesas en la Biblia. Dios prometió *contestar
tus oraciones, darte ánimo cuando estás triste* y *perdonar tus
pecados.* ¡Ten fe en Dios! Él siempre cumple sus promesas.

Al que
cree que
Dios
cumple
sus
promesas...
dale un
fuerte
¡abrazo!

# ♥ Ama, escucha y obedece

Génesis 22

Abraham amaba a Dios con todo su corazón. Su hijo Isaac
¡también amaba a Dios! Abraham obedeció a Dios cuando Dios
le pidió que fuera al monte Moriah. Isaac obedeció a su padre
cuando le dijo que fuera con él.

## ♥ ¿Qué sucedió en el monte Moriah?

Isaac honró a su padre obedeciéndolo. Compartió el trabajo
llevando la leña a la montaña. Nunca se quejó ni expresó
dudas en cuanto a las decisiones de su padre. Honró a su padre
escuchándolo y obedeciéndolo.

## ♥ ¿Debo yo honrar a mis padres de esa forma?

Sí, ¡los debes honrar así!

El quinto mandamiento de Dios dice que debes honrar a tu
padre y a tu madre. Lo podemos hacer de tres maneras sencillas.
Primero, *ama* a tus padres. Segundo, *escúchalos* cuando te
hablan. Y tercero, *obedécelos*. ¡Honrar significa amar, escuchar
y obedecer!

hora
de
¡abrazos!

♥

Al que
honra
a su padre
y a su
madre...
dale un
fuerte
¡abrazo!

# ♥ La amabilidad comienza conmigo

## Génesis 24:1-27

Sean amables unos
con otros.
(Efesios 4:32)

Abraham le dio a su siervo de más confianza una tarea muy grande. «Ve —le dijo Abraham— y encuentra una esposa para mi hijo Isaac. Dios enviará a su ángel delante de ti y se encargará de que encuentres a la joven perfecta».

**¿Encontró el siervo a la joven que buscaba?**
Él oró: «Dios, por favor, que la joven que me ofrezca agua a mí y a mis camellos sea la joven que tú tienes escogida». Antes de terminar de orar, Rebeca llegó al pozo. Cuando le ofreció agua, ¡el siervo supo que su oración había sido contestada!

**¿Qué es lo que puedo aprender de Rebeca?**
Ella era amable con la gente.

Rebeca mostró su amabilidad al ayudar a otras personas. Ella compartió con alguien que tenía una necesidad. Tú debes ser como Rebeca y decir: «¡La amabilidad comienza *conmigo*!».

hora
de
¡abrazos!

Al que
es
amable...
dale un
fuerte
¡abrazo!

25

# ♡ Ángeles en la escalera

Génesis 28

«Yo estoy contigo
y te protegeré».
(Génesis 28:15)

Jacob estaba viajando. Cuando había recorrido mucho camino, se detuvo para descansar esa noche. Mientras dormía, Jacob soñó que veía una escalera que llegaba al cielo. Vio a los ángeles de Dios que subían y bajaban por la escalera.

### ¿Qué más vio Jacob?

Vio a Dios en la parte superior de la escalera. Dios le dijo a Jacob: «Yo estoy contigo y te protegeré dondequiera que vayas». Jacob despertó y dijo: «¡Dios está en este lugar, pero yo no lo sabía!».

### ¿Está Dios también conmigo?

Sí, ¡Dios prometió estar también contigo!

Dios prometió que siempre va a estar contigo dondequiera que vayas. Ya sea que vayas a la escuela o al patio de recreo o a algún lugar lejos, Dios está contigo y te cuidará. ¡Y ahora tú lo sabes!

hora de ¡abrazos!

Al que Dios protege... dale un fuerte ¡abrazo!

# La túnica de muchos colores

## Génesis 37

Dios hace que todas las cosas cooperen para el bien de quienes lo aman.
(Romanos 8:28)

28

Jacob tuvo doce hijos. Él le dio a su hijo José una túnica muy especial. Era una hermosa túnica de muchos colores. Puesto que los hermanos de José no tenían túnicas como esa, estaban muy celosos. Entonces José les contó sus sueños a sus hermanos. Ellos se enojaron y ¡querían deshacerse de José!

 **¿Cuáles fueron los sueños que tuvo José?**
José tuvo sueños sobre el futuro. Les dijo a sus hermanos que un día ellos se iban a inclinar delante de él. Sus hermanos se pusieron furiosos e hicieron algo muy malo. Vendieron a José a unos mercaderes que iban a hacer negocios en Egipto.

**¿Vio José a su familia de nuevo?**
No por muchos años.

Pero Dios nunca se apartó de José. Dios usó las cosas malas que le pasaron a José para salvar a su pueblo. Si amamos a Dios, ¡todas las cosas cooperan para nuestro bien!

Al que sabe que todas las cosas cooperan para el bien... dale un fuerte ¡abrazo!

# ♡ José no se vengó

Génesis 45:4-11; 50:19-21

Asegúrense de que ninguno pague mal por mal, más bien siempre traten de hacer el bien.
(1 Tesalonicenses 5:15)

Los hermanos de José lo vendieron a unos mercaderes. Como parte del plan de Dios, José fue llevado a Egipto. Pasaron muchos años, y el faraón, que era el rey de Egipto, vio la sabiduría de José y lo hizo un gran líder en Egipto.

### ¿Qué le sucedió a la familia de José?

No había comida en Israel. Así que los hermanos de José fueron a Egipto a comprar alimentos. ¿A quién encontraron allí? ¡A su hermano José! Dios había enviado a José a Egipto para salvar a su familia.

### ¿Se vengó José?

No. Los hermanos de José habían hecho algo muy malo, pero José fue bueno con ellos. Hacer *bien* es hacer las cosas que *Dios quiere* que hagamos. Hacer *mal* es hacer las cosas que *Dios no quiere* que hagamos. José hizo lo correcto delante de Dios.

hora de ¡abrazos!

Al que hará el bien... dale un fuerte ¡abrazo!

# ♥ El bebé en la canasta
## Éxodo 1:6–2:10

El pueblo de Dios estaba viviendo en Egipto como esclavos. Tenían que servir a un rey que era muy malo con ellos. Cuando el pueblo de Dios creció en número, el rey se asustó. Estaba preocupado de que el pueblo de Dios fuera más fuerte que su propio ejército.

**♥ ¿Qué fue lo que hizo el rey?**

Él dijo: «¡No pueden tener más hijos varones!».
Cuando un niño llamado Moisés nació, su madre
hizo una pequeña canasta para ocultarlo. Luego
puso al bebé Moisés en la canasta para que flotara
en el río Nilo. Ella tenía fe de que Dios lo iba a
mantener a salvo.

**♥ ¿Mantuvo Dios a Moisés a salvo?**

Sí, lo mantuvo a salvo.

Una princesa encontró al bebé y lo
amó. Ella le puso el nombre Moisés,
que significa: «Lo saqué del agua».
Dondequiera que estés, ¡puedes
confiar en que Dios te mantenga
a salvo!

hora
de
¡abrazos!

♥

**Al que
Dios
mantiene
fuera de
peligro...
dale un
fuerte**

¡abrazo!

# Una trabajadora fiel

Éxodo 2:1-10

Miriam era la hermana mayor del bebé Moisés. Cuando la vida de Moisés estuvo en peligro, su madre hizo una canasta y lo escondió dentro. Puso a Moisés en la canasta y la colocó en el río Nilo para que flotara en medio de los juncos.

 **¿Qué fue lo que hizo Miriam?**
El trabajo de ella era vigilar la canasta. Cuando Miriam vio que una princesa había encontrado la canasta, se acercó a la princesa y le preguntó: «¿Quiere que vaya a buscar a una mujer hebrea para que cuide al bebé?». La princesa le dijo que sí. ¡Miriam hizo su trabajo muy bien!

**Miriam fue fiel en las cosas pequeñas, ¿no es verdad?**
Sí, fue fiel.

Cuando eres fiel en las cosas pequeñas, como recoger tus juguetes, estás agradando a Dios. Quiere decir que estás creciendo. ¡Muy pronto Dios tendrá cosas más importantes para que tú hagas!

**Al que es un trabajador fiel... dale un fuerte ¡abrazo!**

# ♡ Dios peleará por mí

## Éxodo 14

El Señor mismo peleará por ustedes. Solo quédense tranquilos.
(Éxodo 14:14)

Finalmente, ¡el pueblo de Dios estaba libre! El faraón los había dejado ir. Pero cuando estaban saliendo de Egipto, el faraón cambió de idea. «¿Qué es lo que he hecho? —dijo—. Si no tenemos esclavos, ¿quiénes construirán nuestras ciudades?» Así que su gran ejército salió para detener al pueblo de Dios y traerlo de regreso a Egipto.

**¿Cómo podría el pueblo de Dios pelear contra un ejército?**
El pueblo de Dios se encontró atrapado frente al mar Rojo. ¡El ejército del faraón cada vez estaba más cerca! Moisés gritó: «¡El Señor peleará por ustedes!». Dios partió las aguas del mar Rojo, y su pueblo caminó pisando tierra seca hasta llegar con seguridad al otro lado.

 **¿Peleará Dios por mí?**
Sí, él lo hará.

Recuerda que Moisés no estaba solo frente al mar Rojo. Tú tampoco lo estás. Dios está contigo, al igual que estuvo con Moisés. ¡Tu Dios peleará por ti!

hora de ¡abrazos!

Al que Dios pelea por él... dale un fuerte ¡abrazo!

# Pan del cielo como copos de nieve

Éxodo 16

Dios [...] suplirá todo lo que necesiten.
(Filipenses 4:19)

Moisés guió al pueblo de Dios a través del desierto. Pero muy pronto comenzaron a quejarse de Dios. No estaban contentos con la comida que tenían. «¡Nos deberíamos de haber quedado en Egipto! —dijeron—. Por lo menos allí no nos preocupábamos de morir de hambre».

 **¿Qué fue lo que hizo Moisés?**

Moisés les dijo que Dios les iba a enviar pan del cielo que sería como los copos de nieve que cubren la tierra. Ese pan tenía gusto a miel y se llamaba *maná*. Por las tardes, Dios enviaba codornices para que la gente comiera. ¡Dios suplió sus necesidades!

**¿Suplirá Dios también mis necesidades?**

Sí, ¡lo hará!

Recuerda que hay una diferencia entre las *necesidades* y las cosas que tú *quieres* tener. Las *necesidades* son las cosas que debes tener para vivir, como la comida y un lugar para vivir. Las cosas que *quieres* son todo lo demás, como juguetes y caramelos. Dios ha prometido que te dará lo que necesitas. Tal vez tengas que esperar por las cosas que quieres.

A aquel a quien Dios suple sus necesidades... dale un fuerte ¡abrazo!

# ♥ Lo que hace la gente que ama

Éxodo 20

Dios le dijo a Moisés que fuera al monte Sinaí. Allí le dio los 10 Mandamientos escritos en tablas de piedra. Estos mandamientos le mostraban al pueblo de Dios cómo debía vivir. Son una lista de las cosas que la gente que ama a Dios debe hacer, y de las cosas que no debe hacer.

### ♥ ¿Qué quiere decir eso?

La gente que *ama* a Dios lo obedece. Los que *aman* a Dios no dicen cosas malas acerca del Señor. Las personas que *aman* a los demás no le roban nada a nadie. La gente que *ama* no miente.

### ♥ Así que ¿la ley de Dios es sobre el amor?

Sí, lo es.

Si en verdad *amamos* a Dios, entonces obedeceremos a Dios y lo honraremos. Si en verdad *amamos* a la gente, entonces no heriremos a nadie ni tomaremos lo que les pertenece a esas personas. ¿Por qué? ¡Porque las *amamos*! La gente que ama a Dios y a los demás obedece la ley de Dios.

A aquel que ama a Dios y a los demás... dale un fuerte ¡abrazo!

# ♥ Bendecidos para ser una bendición

## Números 22–23

«Haré de ti una gran nación [...] y serás una bendición para otros».
(Génesis 12:2)

Un enemigo de Moab había venido para pelear contra el pueblo de Dios. El rey de ellos quería que Balaam hiciera algo malo. Le ofreció a Balaam mucho dinero para que maldijera al pueblo de Dios.

### ♥ ¿Qué fue lo que hizo Balaam?

Balaam le pidió a Dios que lo ayudara. Dios envió a un ángel para que bloqueara el camino. Balaam no pudo ver al ángel, pero ¡su burra sí lo vio! Como la burra no se movía, Balaam golpeó a la pobrecita. ¡Entonces Dios permitió que el animal hablara! «¿Por qué me pegas?», le preguntó la burra. Cuando Balaam vio al ángel, entonces se arrepintió de haberle pegado a la burra. El ángel le dijo a Balaam que bendijera al pueblo de Dios en lugar de maldecirlo.

### ♥ ¿Bendijo Balaam al pueblo de Dios?

Sí, lo bendijo.

Al igual que Balaam, nosotros podemos usar la boca para bendecir o para maldecir. Si estás a punto de decir una palabra poco amable, ¡no hables! Usa las palabras con sabiduría. Balaam aprendió a hablar bendiciones. Nosotros somos bendecidos para ser bendición a otras personas.

hora de ¡abrazos!

A aquel quien es bendecido para ser de bendición... dale un fuerte ¡abrazo!

# Un Dios que salva

Josué 2

¡Nuestro Dios es un Dios que salva!
(Salmo 68:20)

44

La ciudad de Jericó estaba entre el pueblo de Dios y la Tierra Prometida. Josué envió a dos espías a la ciudad. Ellos se quedaron en la casa de Rahab. Ella los ayudó porque sabía que Dios los ayudaría a ganar la batalla.

### ♥ ¿Cómo los ayudó Rahab?

Cuando los hombres del rey buscaron a los dos espías, Rahab los escondió en el techo de su casa. Ella les dijo: «Yo los he ayudado. Ahora, por favor, sálvenme a mí y a mi familia de la batalla que viene».

### ♥ ¿Fueron salvados Rahab y su familia?

¡Sí! Rahab y su familia fueron protegidos del *peligro* y estuvieron a *salvo*.

Cuando Dios nos salva, él nos saca de la muerte y nos da vida... ¡vida *eterna*! Es por eso que la Biblia dice que nuestro Dios es un Dios que salva.

hora
de
¡abrazos!

A aquel que cree que Dios salva... dale un fuerte ¡abrazo!

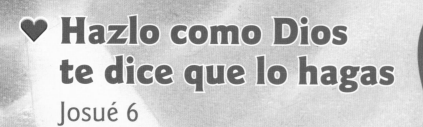

# ♥ Hazlo como Dios te dice que lo hagas

Josué 6

El Señor estaba con Josué.
(Josué 6:27)

46

Josué sabía lo que significaba hacer las cosas como Dios te dice que se hagan. Él había visto cuando el mar Rojo se abrió, y cuando el maná cayó del cielo. Así que cuando Dios le dio el plan de la batalla de Jericó, Josué se sorprendió.

### ¿Cuál era el plan?

Para que los muros de Jericó cayeran, Dios le dijo a Josué que marchara junto a sus guerreros alrededor de la ciudad durante siete días. Entonces los sacerdotes tocarían sus trompetas y la gente debía gritar. ¡Ese no era el plan de batalla común!

### ¿Fueron derrumbados los muros?

¡Sí! Cuando el pueblo de Dios gritó, ¡los muros se derrumbaron!

Al igual que Josué, nosotros debemos escuchar a Dios. Lo podemos hacer leyendo la Biblia. Sin importar lo extraño que les pueda parecer a otras personas, la forma en que Dios hace las cosas siempre es la forma correcta.

hora de ¡abrazos!

A aquel que hace las cosas como Dios quiere que las haga... dale un fuerte ¡abrazo!

# El cántico de alabanza de Débora

## Jueces 4–5

**Te alabaré con canciones.**
(Salmo 101:1)

El pueblo de Dios había hecho muchas cosas malas, así que el Señor permitió que un rey malvado los hiciera esclavos. La gente estaba arrepentida de lo que había hecho. Clamaron a Dios pidiéndole que los ayudara. Él los escuchó y les envió a Débora, que fue una líder muy sabia.

**¿Por qué era sabia Débora?**

Ella escuchaba y obedecía a Dios. Débora fue a la batalla con el ejército. Cuando Dios les dio la victoria, ella cantó este cántico de alabanza: «¡Cantaré al Señor y contaré las grandes cosas que Dios ha hecho!».

**¿Puedo yo también cantar una canción de alabanza?**

¡Sí! He aquí una que tal vez tú sepas:

«Dios es grande. Dios es bueno.
Gracias le damos hoy por el pan que nos da».

Esta canción alaba a Dios por *quién es* y por *lo que ha hecho*. ¡Alabemos al Señor!

hora
de
¡abrazos!

A aquel
que alaba
a Dios...
dale un
fuerte
¡abrazo!

# ♡ Dios vio a un guerrero

## Jueces 6:11-16

«Sé los planes que tengo para ustedes», dice el Señor.

(Jeremías 29:11)

50

Gedeón tenía que hacer un trabajo. Él estaba trillando trigo para hacer grano, y lo tenía que esconder de sus enemigos. Cuando estaba trabajando con los granos de trigo, se le apareció un ángel y le dijo: «¡Guerrero valiente, el Señor está contigo!».

 **¿Era Gedeón un guerrero valiente?**
Gedeón era un granjero, y no un héroe o un guerrero valiente.
Él dijo:
—Si el Señor está con nosotros, ¿por qué nos sucede todo esto?
Pero el ángel le dijo:
—Ve y gana la batalla para el pueblo del Señor. ¡Dios estará contigo!

 **¿Tiene Dios planes para mí?**
Sí, Dios tiene planes para ti.

Cuando la gente miraba a Gedeón, lo que veían era un granjero. Pero Dios veía el guerrero valiente que algún día él sería. Me pregunto qué es lo que Dios ve cuando te mira a ti.

A aquel a quien Dios tiene planes para su vida... dale un fuerte ¡abrazo!

# Dios hizo fuerte a Sansón

Jueces 13–16

[Dios] da poder a los indefensos y fortaleza a los débiles.
(Isaías 40:29)

Manoa y su esposa no tenían hijos. Se sorprendieron y se sintieron felices cuando se les apareció un ángel. «Tendrán un hijo —les dijo el ángel—. ¡Él será un poderoso hombre de Dios, fuerte y valiente!»

### ¿Tuvieron un hijo?

Sí, y su nombre fue Sansón. El niño creció y se convirtió en el hombre más fuerte que jamás haya existido. Venció a un león con sus propias manos, y a mil hombres con la quijada de un burro. Dios le había dado a Sansón muchísima fuerza.

### ¿Usó Sansón su fuerza con sabiduría?

No, no lo hizo. Dios le quitó la fuerza a Sansón.

En su debilidad, Sansón le pidió a Dios que lo hiciera fuerte una última vez. Dios contestó la oración de Sansón. Cuando te sientas débil, ve a Aquel que te da la fuerza. ¡Ve a Dios en oración!

A aquel cuyas fuerzas vienen del Señor... dale un fuerte ¡abrazo!

♥ **«Adonde tú vayas, yo iré».**
Libro de Rut

Dios ha dicho: «Nunca te fallaré. Jamás te abandonaré».
(Hebreos 13:5)

54

Rut amaba a su suegra, Noemí. Cuando murieron el esposo y los hijos de Noemí, ella estaba sola, y decidió regresar a la tierra donde había nacido. Rut sabía que el viaje iba a ser difícil, pero ¡quiso ir con Noemí!

### ♥ ¿Tenía miedo Rut?

Rut tomó tiempo y se esforzó por ayudar a alguien a quien amaba. Ella le dijo a Noemí: «Adonde tú vayas, yo iré; dondequiera que tú vivas, yo viviré». Ella no estuvo dispuesta a dejar sola a Noemí. ¡Ella siempre estaría al lado de su suegra!

### ♥ Dios también nos hace esa promesa a nosotros, ¿no es verdad?

Sí, y quiere que nosotros creamos lo que él dice.

Dios siempre está contigo, sin importar adónde vas o lo difícil que te resulten las cosas. Otras personas tal vez te dejen, pero Dios nunca te dejará. Él es fiel. Dios nunca te dejará solo.

hora de ¡abrazos!

A aquel que cree que Dios está con él... dale un fuerte ¡abrazo!

# ♡ A veces debemos esperar

## I Samuel 1

Ana estaba llorando. Muchas veces le había pedido al Señor que le diera un hijo. Pero todavía no tenía hijos. Sin embargo, Ana amaba a Dios y creía que Dios podía contestar su oración, así que de nuevo ella oró.

**¿Cuál fue la oración de Ana?**
Ella oró: «Dios, si me das un hijo,
yo te lo devolveré. Él te servirá
siempre». ¡Dios escuchó su
oración! Ana tuvo un bebé
varón y lo llamó Samuel.
¡El tiempo de Dios fue
perfecto!

 **¿Tendré que esperar para
que mis oraciones sean
contestadas?**
A veces sí, pero ¡sé paciente!

Dios contesta todas las oraciones.
A veces dice: «Sí».
Otras veces dice: «No».
Y a veces dice: «Espera y
sé paciente». En el momento
correcto, Dios te responderá
y te dará lo que necesitas.

hora
de
¡abrazos!

**A aquel
que espera
en el
Señor...
dale un
fuerte
¡abrazo!**

# «Habla, Señor, que tu siervo escucha».
I Samuel 3

Dios habla una y otra vez, aunque la gente no lo reconozca.
(Job 33:14)

Cuando era un niño pequeño, Samuel servía a Dios en el templo. Elí era el sacerdote. Una noche Samuel se despertó. Escuchó una voz que decía su nombre: «¡Samuel!». Él pensó que era Elí que lo llamaba. Así que Samuel fue a ver a Elí y le dijo: «Aquí estoy». Pero no era Elí el que lo había llamado.

**¿Quién era?**

Samuel escuchó la voz una y otra vez. Finalmente Elí se dio cuenta de que era Dios el que estaba llamando a Samuel. Elí le dijo a Samuel: «Si alguien vuelve a llamarte, di: "Habla, Señor, que tu siervo escucha"». ¡Esa noche Dios le habló a Samuel y le dio un mensaje especial!

 **¿Me hablará Dios a mí?**

Sí, Dios habla por medio de su Palabra.

Decimos que la Biblia es la «Palabra de Dios» porque así es como Dios nos habla. Todo lo que necesitamos saber para vivir para Dios se encuentra escrito allí. Cuando escuchamos lo que dice la Biblia, estamos escuchando a Dios. Así que lee la Biblia y di como Samuel: «¡Habla, Señor, que tu siervo escucha!».

hora
de
¡abrazos!

A aquel que dice: «¡Te escucho, Señor!»... dale un fuerte

¡abrazo!

# David y Goliat
## 1 Samuel 17

El nombre del
Señor es una
fortaleza firme.
(Proverbios 18:10)

¡Goliat era un gigante que medía casi tres metros de estatura! Su ejército había venido a pelear con el pueblo de Dios. Todos los días, Goliat gritaba cosas malas acerca de Dios. Pero un día, un pastorcito llamado David escuchó cuando Goliat se burlaba de Dios y dijo: «¡Yo iré a pelear contra ese gigante!».

♥ **¿Cómo pudo un pequeño jovencito pastor ganar una pelea con un guerrero gigante?**
David le dijo a Goliat: «Tu fuerza está en tu espada, pero ¡mi fuerza está en el nombre del Señor!». Entonces David puso una piedra en su honda y se la tiró a Goliat. ¡David mató al gigante! ¡El *nombre* del Señor le dio la victoria!

♥ **¿Hay poder en realidad en el *nombre* del Señor?**
Sí, ¡lo hay!

Tú tienes un nombre. Dios también tiene un nombre. Su nombre es Yahveh. Este nombre aparece en la Biblia más de seis mil veces. David fue en el *nombre* del Señor, ¡Yahveh! Dios le dio poder para vencer al gigante.

♥ A aquel que sabe el nombre del Señor... dale un fuerte ¡abrazo!

# ♥ La *T* y la *C* de la amistad

## 1 Samuel 18:1-4

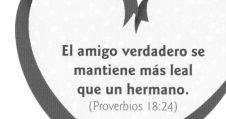

El amigo verdadero se
mantiene más leal
que un hermano.
(Proverbios 18:24)

David ganó la batalla contra Goliat, que era un soldado gigante. El rey quiso conocer a David y lo invitó a servir en el palacio. Allí David conoció a Jonatán, el hijo del rey, y ellos llegaron a ser muy buenos amigos.

### ¿Qué fue lo que los hizo tan buenos amigos?

David y Jonatán pasaron **T**iempo juntos, y el uno **C**onfiaba en el otro. Jonatán le dio a David su túnica, su espada, su arco y su cinturón. Esos regalos demostraban su amistad. David y Jonatán hicieron una promesa de siempre ayudarse el uno al otro.

### ¿Necesitan todas las amistades Tiempo y Confianza?

Sí, necesitan ambas cosas.

Un amigo verdadero es alguien que pasa **T**iempo contigo para conocerte. Un amigo también es alguien en quien siempre puedes **C**onfiar que te ayudará. El **T**iempo y la **C**onfianza son dos cosas indispensables en una amistad.

hora
de
¡abrazos!

A aquel que sabe cuáles son la *T* y la *C* de la amistad... dale un fuerte ¡abrazo!

¡a la carga!

# ♥ La pacificadora
I Samuel 25

Abigail era una mujer sabia y muy amable. Pero su esposo era un hombre egoísta. Él dijo cosas crueles acerca del rey David. Eso hizo enojar a David. Pero Abigail, quien era una pacificadora, supo lo que debía hacer. Ella le pidió a David que perdonara a su necio esposo. Entonces Abigail le dio a David una ofrenda de paz que consistía en rica comida.

### ¿Aceptó David la ofrenda de paz?

¡Sí! David sabía que lo que más quería Abigail era paz. Así que le dijo: «Vuelve a tu casa en paz, Abigail. Perdono a tu esposo». Sin ninguna duda, ¡Abigail era una pacificadora!

### ¿Puedo yo también ser una persona pacificadora?

Sí, lo puedes ser.

A veces quizás no sepas qué decir para llevarte bien con otras personas. Pero siempre puedes orar. ¡Dios te ayudará a pensar, actuar y hablar como una persona pacificadora!

Al que es pacificador... dale un fuerte ¡abrazo!

# ♥ Los cuervos le traen comida a Elías

1 Reyes 17:2-6

Dios [...] por seguro que cuidará de ustedes. [...] Así que no se preocupen.
(Mateo 6:30-31)

Elías estaba en peligro. El Señor le dijo a Elías: «Vete de aquí. Escóndete en un lugar seguro junto al arroyo de Querit. Te daré agua del arroyo para beber y los cuervos te traerán comida». Así que Elías obedeció a Dios.

♥ **¿De verdad le trajeron comida a Elías los cuervos?**
Sí, ¡así fue! Todas las mañanas y todas las noches, unos pájaros negros que se llaman cuervos le trajeron pan y carne a Elías. Él bebía agua del arroyo. Dios suplió las necesidades de Elías.

♥ **¿Suplirá Dios mis necesidades también?**
Sí, Dios ha prometido que te cuidará y que suplirá tus necesidades.

Jesús dijo que no nos preocupáramos acerca de las cosas que necesitamos porque Dios nos las va a suplir. ¡Dios sabe lo que necesitamos aun antes de que se lo pidamos! Puedes confiar en que Dios va a suplir tus necesidades.

A aquel cuyas necesidades son suplidas... dale un fuerte ¡abrazo!

# Escucha y obedece

2 Reyes 5:1-14

Si escuchan y
obedecen a Dios,
serán bendecidos.
(Job 36:11)

68

En la historia de Naamán hay buenas y malas noticias. Primero, las buenas noticias: él era un buen soldado. Todos amaban a Naamán, y Dios lo ayudó a ganar muchas batallas.

 **¿Cuáles son las malas noticias?**
Naamán tenía lepra, que es una enfermedad terrible en la piel. Una muchacha hebrea que era su sirvienta le dijo a Naamán que fuera a ver a Eliseo para ser sanado. Eliseo le dijo a Naamán: «Ve y lávate siete veces en el río Jordán». ¡Naamán recibió la sanidad porque escuchó y obedeció!

**¿Cómo escuchamos y obedecemos a Dios hoy?**
Abrimos la Biblia y leemos las palabras que dice Dios.

Cuando leemos la Biblia estamos escuchando hablar a Dios. Él inspiró esas palabras, así que podemos confiar en que son verdaderas. Tú puedes escuchar y obedecer a Dios leyendo la Biblia.

hora de ¡abrazos!

A aquel que escucha a Dios y obedece... dale un fuerte ¡abrazo!

♡ **Una oración contestada**

I Crónicas 4:9-10

«Ay, si tú me bendijeras».
(I Crónicas 4:10)

Jabes amaba a Dios y quería que otras personas también amaran a Dios. Así que Jabes oró y le pidió al Señor que hiciera una cosa muy especial. Él le pidió a Dios que lo bendijera para que él pudiera bendecir a otras personas.

### ♥ ¿Cuál fue la petición de Jabes?

Jabes oró pidiendo tres cosas importantes. Primero, oró pidiendo que Dios lo bendijera y le diera más tierras. Luego le pidió a Dios que estuviera con él. Y finalmente le pidió a Dios que lo mantuviera seguro y con buena salud. ¡Qué oración tan maravillosa!

### ♥ ¿Contestó Dios la oración de Jabes?

La Biblia dice que la respuesta de Dios fue: «¡Sí!».

Dios dijo: «Sí, te bendeciré y te daré más tierras. Sí, estaré contigo. Sí, te mantendré seguro y con buena salud». Tú le puedes pedir a Dios las mismas cosas. ¡Ora pidiéndole a Dios que te bendiga a ti también!

hora de ¡abrazos!

A aquel que ora pidiendo bendiciones del Señor... dale un fuerte ¡abrazo!

# ♥ Honra a Dios con tu A-M-O-R

2 Crónicas 34

No [...] [te olvides] de tu Creador. Hónralo mientras seas joven.
(Eclesiastés 12:1)

Josías tenía solo ocho años de edad y ya era el rey del pueblo de Dios. ¿Puede un niño de ocho años hacer las cosas correctas que honran a Dios? ¡Josías las pudo hacer! Por su **A-M-O-R**, Josías agradó a Dios.

### ♥ ¿Qué es A-M-O-R?

El amor es lo que nos impulsa a honrar a Dios. Josías **A**maba a Dios, y lo adoraba solo a él. Cuando encontró el Libro de la Ley de Dios, Josías lo leía y **M**editaba en él. **O**bedeció a Dios y prometió servirlo solo a él. **R**ecordaba siempre alentar a otros para que también sirvieran a Dios.

### ♥ ¿Debo yo también prometerle mi A-M-O-R a Dios?

Sí, lo debes hacer.

Sin importar tu edad, siempre debes honrar a Dios con tu **A-M-O-R**. **A**ma a Dios. **M**edita en su Palabra. **O**bedece a Dios. **R**ecuerda alentar a otros para que también sirvan a Dios. Si haces esto, ¡estarás honrando a Dios!

A aquel que honra a Dios con A-M-O-R... dale un fuerte ¡abrazo!

# Esta muralla comienza con oración

## El libro de Nehemías

Cuando Nehemías escuchó la noticia, lloró en voz alta. ¡La muralla de Jerusalén había sido derribada, y sus puertas habían sido quemadas! Eso entristeció mucho a Nehemías. Él quería reconstruir la muralla, pero primero debía conseguir permiso del rey para iniciar la reconstrucción.

**¿Qué fue lo que hizo Nehemías?**
Antes de comenzar ese enorme trabajo, Nehemías oró. Le pidió a Dios que lo ayudara y que bendijera el trabajo que iba a hacer. Nehemías oró, y Dios le dio lo que necesitaba para reconstruir la muralla.

 **¿Debería orar yo antes de comenzar un trabajo grande?**
¡Sí! Todo trabajo, sea grande o pequeño, debe comenzar con oración.

Pídele a Dios que te ayude. Pídele que te dé fortaleza y sabiduría para terminar el trabajo. Dios ayudó a Nehemías a reconstruir la muralla. Él también te va a ayudar a ti con los trabajos que tienes.

hora
de
¡abrazos!

A aquel
que ora
antes de
comenzar
un trabajo...
dale un
fuerte
¡abrazo!

# ♥ Una testigo valiente
## El libro de Ester

**Espera con paciencia al Señor; sé valiente.**
(Salmo 27:14)

La reina Ester era una mujer de Dios muy bella. Ella había averiguado que un hombre malvado llamado Amán quería deshacerse de todo el pueblo de Dios, es decir, de los judíos. Solo la reina Ester podría detener a Amán, pero para hacerlo, tenía que ir a ver al rey.

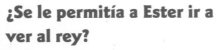 **¿Se le permitía a Ester ir a ver al rey?**
No. Pero ella dijo: «Aun si me mata, iré a ver al rey». Ella le pidió al pueblo de Dios que hicieran ayuno durante tres días. Entonces Ester le contó al rey sobre el malvado plan de Amán. Debido a la valentía de Ester, ¡el pueblo de Dios no murió!

**¿Puedo yo también ser un testigo valiente?**
Sí, lo puedes ser.

Ester fue muy valiente cuando fue a hablarle al rey para que no matara al pueblo de Dios. ¡Tú también debes ser valiente! Debes hablarles a tus amigos y a tu familia acerca de Jesús. Dios se sentirá complacido si tú también eres un testigo valiente.

Al que es un testigo valiente... dale un fuerte ¡abrazo!

# Consuela a mi pueblo
## El libro de Job

Él nos consuela [...] para que nosotros podamos consolar a otros.

(2 Corintios 1:4)

Dios estaba muy contento con Job y lo bendijo en todo. Un día, Satanás vino delante de Dios y le dijo: «Job te ama porque tú le das cosas buenas. Si se las quitas, él va a dejar de amarte».

### ♥ ¿Qué fue lo que hizo Dios?
Él le permitió a Satanás quitarle a Job su buena salud y sus riquezas. Job perdió a su familia así como su dinero, y se enfermó mucho. Sus amigos vinieron a consolarlo, y se sentaron con Job durante siete días sin decirle ni una palabra.

### ♥ ¿Está bien estar callado cuando otros sufren?
Sí, está bien.

Cuando no sabemos qué decir, el estar simplemente al lado de una persona ¡lo dice todo! Le dice que has venido a su lado porque la amas. A Dios le agrada cuando consolamos a los que sufren y les mostramos amor.

hora de
¡abrazos!

Al que consuela a los que sufren... dale un fuerte ¡abrazo!

# David, el niño pastor

Salmo 23

El Señor te protege al entrar y al salir.
(Salmo 121:8)

David era pastor y cuidaba a sus ovejas. El pastor *conoce* a sus ovejas y sabe cuáles son sus necesidades. Él le *muestra* a su rebaño dónde puede encontrar comida y agua. Y él *cuida* a sus ovejas para que sean sanas y fuertes.

💜 **¿Cuidan los pastores a las ovejas de día y de noche?**
Sí, lo hacen. De noche, mientras David cuidaba a sus ovejas, le escribía poesías a Dios llamadas salmos. David escribió: «El Señor es *mi* pastor». Eso quiere decir que el Señor lo *conoce*, que el Señor le *muestra* el camino y que el Señor lo *cuida* manteniéndolo seguro y fuerte.

💜 **¿Es el Señor mi Pastor también?**
Sí, lo es.

El Señor es tu Pastor. Él te guarda de día y de noche. Él te *conoce*, te *muestra* el camino y te *cuida* como su pequeña oveja.

💜 **Al que Dios lo cuida... dale un fuerte ¡abrazo!**

# ♡ ¡Jesús viene!

## Isaías 62:11

«Miren, ya viene su Salvador».
(Isaías 62:11)

Isaías fue un gran mensajero de Dios, conocido como un profeta. Isaías había sido bendecido con un don especial. Dios permitió que él viera cosas que iban a suceder en el futuro. Isaías escribió lo que Dios le dijo.

**¿Qué fue lo que Isaías escribió acerca del futuro?**
Isaías escribió que Jesús iba a venir. ¡Lo escribió 700 años antes de que Jesús naciera! Isaías también dijo que Jesús haría milagros y que moriría por nuestros pecados. ¡Lo que dijo Isaías se cumplió! Jesús vino... y muy pronto, vendrá otra vez.

**¿Sabe alguien cuándo Jesús va a venir de nuevo?**
Solo Dios, nuestro Padre celestial, lo sabe.

Jesús dijo que solo el Padre sabe cuándo él va a venir otra vez. Antes de que Jesús venga, la gente dirá: «¡Él no va a regresar!». Debemos recordar lo que Isaías escribió: «¡Miren, *ya viene* su Salvador!».

hora
de
¡abrazos!

Al que cree que Jesús viene pronto... dale un fuerte

¡abrazo!

# ♥ Lluvias de bendición

Ezequiel 33–34

«Habrá lluvias de bendición».
(Ezequiel 34:26)

84

Dios le hizo una promesa a Ezequiel. Dios sería el Pastor de todos los que lo aman. Dios dijo: «Cuidaré de ellos y los mantendré seguros. Los vigilaré y ¡habrá lluvias de bendición!».

### ❤ ¿Qué es una bendición?

Las bendiciones son la forma en que Dios muestra que lo que hacemos le agrada. Él les envía cosas buenas a los que lo aman y lo obedecen. Una «lluvia de bendición» quiere decir que hay demasiadas bendiciones como para ser contadas... ¡más que las gotas de lluvia que caen del cielo!

### ❤ ¿Me ha bendecido Dios a mí alguna vez?

Sí, ¡Dios te ha bendecido!

Dios nos bendice con nuestra familia y amigos, con ropa y comida. Pero la bendición más grande de todas es Jesús. Por medio de Jesús, algún día Dios compartirá con nosotros la bendición del cielo.

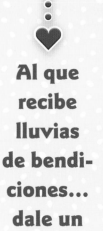

hora de ¡abrazos!

Al que recibe lluvias de bendiciones... dale un fuerte ¡abrazo!

# ♥ Adoremos al Señor

## Daniel 3

Adoren solo al Señor su Dios.
(2 Reyes 17:39)

Sadrac, Mesac y Abed-nego querían agradar a Dios. Así que cuando un rey malvado les dijo que adoraran a un ídolo, ¡ellos se negaron! Le dijeron al rey que ellos solo iban a *adorar* al único Dios verdadero.

**¿Se enojó el rey con ellos?**

Sí, se enojó mucho, y para castigarlos, ¡los echó en un horno ardiendo de fuego! Pero ellos no estaban tratando de obtener la aprobación del rey... querían ser fieles a Dios. Ellos sabían que el Único digno de adoración es Dios. A Dios le agradó eso, y ¡los libró del horno ardiente!

 **¿Qué quiere decir *adorar*?**

Adoramos lo que es más importante para nosotros.

Dios todavía es el Único digno de nuestra adoración. Adorar quiere decir que amamos a alguien o algo más que a ninguna otra cosa. Dios quiere ser ese Alguien. Dios quiere que lo adoremos a él, y solamente a él.

hora
de
¡abrazos!

Al que
adora
solamente
a Dios...
dale un
fuerte
¡abrazo!

# Daniel en el foso de los leones

Daniel 6

Nunca dejen de orar.
(1 Tesalonicenses 5:17)

Los hombres que estaban bajo el mando de Daniel no amaban a Dios. Estaban enojados porque Daniel oraba tres veces al día. Así que engañaron al rey para que pasara una ley malvada. La ley decía: «¡Todo aquel que ore a Dios será castigado!».

### ♥ ¿Dejó de orar Daniel?

¡No! Daniel amaba a Dios con todo su corazón. Él no pudo dejar de hablar con el Dios que amaba. Cuando le dijeron al rey que Daniel no obedecía la ley, ¡lo echó a un foso de hambrientos leones! ¿Qué crees que hizo Daniel? Oró, y Dios lo mantuvo a salvo.

### ♥ ¿Puedo yo aprender a orar como Daniel?

Sí, puedes aprender a orar de esa forma.

La Biblia nos enseña que nunca debemos dejar de orar. Cuando te suceden cosas buenas, ora a Dios y dale gracias. Cuando las cosas son difíciles, ora a Dios y pídele que te ayude. Sin importar lo que pase, ¡ora!

hora
de
¡abrazos!

Al que está aprendiendo a orar siempre... dale un fuerte ¡abrazo!

# ¡Obedece la primera vez!

## El libro de Jonás

«En mi gran aflicción clamé al Señor y él me respondió».

(Jonás 2:2)

Por lo general nuestros problemas comienzan donde termina nuestra obediencia. Dios le dijo a Jonás que fuera a Nínive. Pero Jonás no quería ir a esa ciudad. Entonces tomó un barco que iba en la dirección opuesta. Jonás eligió desobedecer a Dios.

## ♥ ¿Qué sucedió a continuación?

Dios envió una tormenta muy grande. Jonás se encontró hundiéndose en las olas. Entonces, *¡glup!*, se lo tragó un pez gigante. ¡Jonás oró y le pidió a Dios que lo ayudara!

## ♥ ¿Debo orar cuando tengo muchas dificultades?

Sí, ¡debes orar!

Aunque Jonás había desobedecido, Dios escuchó su oración y lo perdonó. Dios usó el problema de Jonás para enseñarnos una gran lección. Obedece a Dios la *primera* vez.

Al que le obedece a Dios la *primera* vez... dale un fuerte ¡abrazo!

# ♥ El Mesías en un pesebre

## Lucas 2

«¡Yo Soy el Mesías!»
(Juan 4:26)

Cuando Jesús nació, no tuvo una bonita cuna para dormir. Así que María, su madre, puso a Jesús en una caja llamada *pesebre*. Un ángel se les apareció a unos pastores para decirles que Jesús había nacido. El ángel les dijo: «¡Encontrarán al **Mesías** acostado en un pesebre!». Esa fue una señal de que Dios envió a Jesús.

**¿Qué significa la palabra *Mesías*?**

*Mesías* significa dos cosas: **ungido** y **enviado**. *Ungido* significa «estar cubierto». *Enviado* significa «tener un trabajo para realizar». Jesús es nuestro Mesías. ¡Dios lo *ungió* y lo *envió* para salvarnos de nuestros pecados!

 **¿Es Jesús el Mesías?**

Sí, ¡él es el Mesías que nació en un pesebre!

Jesús fue *ungido* y *enviado* para salvarnos. El nombre *Jesús* quiere decir «Dios salva». *Jesús* estaba totalmente *cubierto* por el amor de Dios y el *trabajo* que le dio Dios fue salvarnos. ¡Solo Jesús lo puede hacer!

hora
de
¡abrazos!

Al que sabe lo que significa *Mesías*... dale un fuerte ¡abrazo!

# ♡ Háblales a todos del Salvador

Lucas 2:36-38

«Vayan por todo el mundo y prediquen la Buena Noticia a todos».
(Marcos 16:15)

94

Ana era una anciana que amaba a Dios. Ella estaba de día y de noche sirviendo en el templo. Allí, Ana adoraba y oraba a Dios. A los ocho días de haber nacido Jesús, María y José lo llevaron al templo. Ana se sintió muy contenta al ver al niño Jesús, y le dio gracias a Dios por él.

### ♥ ¿Qué fue lo que hizo Ana a continuación?

Aunque Ana era una mujer muy anciana, les hablaba a todos acerca de Jesús. Ella les decía: «¡Ha llegado el que Dios había prometido! Yo lo he visto». ¡Ana quería que todo el mundo supiera que Jesús el Salvador había llegado al mundo!

### ♥ ¿Debo yo también hablarles a otras personas sobre Jesús?

Sí, ¡lo deberías hacer!

La Biblia dice que debemos *ir y hablarles* a otros sobre Jesús... en nuestro pueblo, en nuestra región, en nuestro país y por todo el mundo. Tú puedes empezar con tu propia familia y con tus amigos. ¡*Ve y háblales* de Jesús hoy!

hora
de
¡abrazos!

♥

Al que
habla
sobre
Jesús...
dale un
fuerte
¡abrazo!

# ♡ Creces aprendiendo

Lucas 2:41-52

Jesús crecía en sabiduría y en estatura, y en el favor de Dios y de toda la gente.
(Lucas 2:52)

96

¿Cómo era Jesús de niño? ¿Le gustaba cantar, dibujar o leer? ¿Jugaba con sus amigos o cazaba mariposas? No lo sabemos con seguridad, pero lo que sí sabemos es que a Jesús le encantaba ir a la iglesia (en aquel tiempo se llamaba templo) para hablar con Dios, su Padre celestial.

💜 **¿Qué es lo que la Biblia nos dice acerca de Jesús cuando era niño?**

Cuando Jesús tenía 12 años de edad, su familia lo llevó al templo. Durante tres días Jesús escuchó a los maestros allí y les hizo preguntas. Él estaba *creciendo aprendiendo*. ¡Eso le agradaba a Dios!

💜 **¿Cómo puedo comenzar a *crecer aprendiendo*?**

¡Sé como Jesús!

A Jesús le encantaba ir a la iglesia, que es un lugar muy bueno para escuchar a los maestros y hacerles preguntas acerca de la Biblia. Así que, sé como Jesús. Comienza a *crecer aprendiendo*... ¡y aprende más acerca de Dios!

hora
de
¡abrazos!

💜

**Al que crece aprendiendo más sobre Dios... dale un fuerte ¡abrazo!**

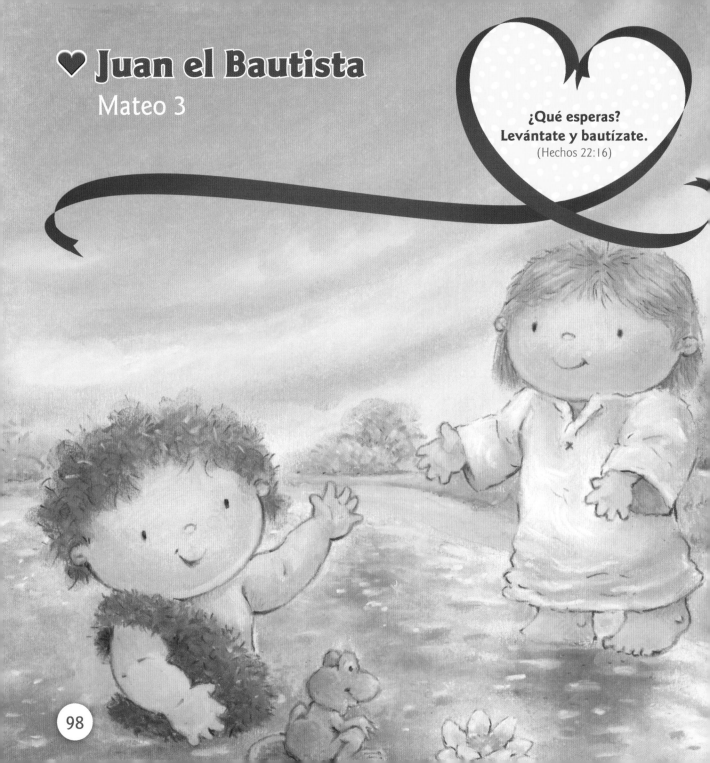

# ♥ Juan el Bautista

Mateo 3

¿Qué esperas?
**Levántate y bautízate.**
(Hechos 22:16)

98

Juan el Bautista estaba de pie en el río Jordán. Allí él bautizaba a la gente que le había pedido a Dios que perdonara sus *pecados*. El bautismo es una forma de decir: «Me arrepiento de haber *pecado*». Un día Jesús vino para ser bautizado. Juan le dijo: «Yo soy el que necesita que tú me bautices, Jesús».

### ♥ ¿Por qué no quiso Juan bautizar a Jesús?

Juan sabía que Jesús era perfecto: *¡Jesús no había pecado!* Pero Jesús dijo que él debía ser bautizado, porque un día él asumiría tu pecado, mi pecado y el pecado de toda la gente. Así que Juan bautizó a Jesús aquel día.

### ♥ ¿Debo yo también ser bautizado?

El bautismo es una señal exterior de un cambio ocurrido en el interior.

Si tú crees que Jesús ha perdonado tus pecados, tal vez quieras ser bautizado para mostrar tu amor por Jesús. Hazlo por fe, porque Dios te ha pedido que lo hagas. ¡Obedece y bautízate, tal como lo hizo Jesús!

hora de ¡abrazos!

♥

**Al que obedecerá a Dios y será bautizado... dale un fuerte ¡abrazo!**

# Pescadores de personas

## Mateo 4:18-22

«Vengan, síganme».
(Mateo 4:19)

Jesús estaba caminando por la orilla del mar de Galilea. Allí vio a un pescador llamado Pedro que echaba su red al agua. Jesús lo llamó: «Ven, sígueme, ¡y yo te enseñaré a pescar *personas*!».

## ¿Qué fue lo que hizo Pedro?

De inmediato, Pedro dejó su red y siguió a Jesús. Pedro caminó con Jesús todos los días de su vida. Él se convirtió en un gran pescador de personas hablándoles acerca de Jesús.

## ¿Puedo yo también ser «pescador de personas»?

Sí, ¡puedes serlo!

Para pescar, tienes que ir adonde hay peces. Cuando eres pescador de personas, debes ir adonde hay gente y debes hablarles del amor de Dios. ¡Sé un pescador para Jesús!

hora de ¡abrazos!

Al que es «pescador de personas»... dale un fuerte ¡abrazo!

# ♥ Practica lo que Jesús predicó

Mateo 5–7

**Él comenzó a enseñarles.**
(Mateo 5:2)

Jesús se sentó en la ladera de una montaña para enseñarles a sus seguidores. Les enseñó que el reino de Dios les pertenece a aquellos que viven dándole honor a Dios. La gente estaba asombrada de las enseñanzas de Jesús.

💜 **¿Qué otras cosas les enseñó Jesús?**
Él les enseñó amarse los unos a los otros, a perdonar a los que les habían hecho mal y a dar a los que tenían necesidad. También les enseñó a orar. ¡Ese fue el sermón más maravilloso de todos los tiempos!

💜 **¿Podemos nosotros hacer las cosas que Jesús enseñó?**
Sí, las podemos hacer.

Las últimas palabras de su sermón fueron: «Todo el que escucha mi enseñanza y la obedece es *sabio*. Sin embargo, el que oye y no obedece es un necio». ¡Sé sabio y practica lo que Jesús predicó!

hora
de
¡abrazos!

💜

Al que practicará lo que Jesús predicó... dale un fuerte ¡abrazo!

# ♡ Los que cambian vidas

Mateo 5:13-16

«Nadie enciende una lámpara y luego la pone debajo de una canasta».
(Mateo 5:15)

104 Sal

Jesús dijo: «Ustedes son la *sal* de la tierra. No pierdan su sabor. Ustedes son la *luz* del mundo. ¡No escondan su luz debajo de una canasta!».

### ¿Qué quiso decir Jesús?

Jesús quería que sus seguidores fueran de los que cambian vidas. Es por eso que usó los ejemplos de la sal y la luz. La sal le cambia el sabor a la comida. La luz cambia un cuarto oscuro y lo hace brillante.

### ¿Puedo yo también ser una persona que cambia vidas para Jesús?

¡Sí! Todo lo que tienes que hacer es ser la sal y la luz para todas las personas con las que te encuentres.

Tus palabras pueden cambiar una vida. Háblale a la gente acerca de Jesús. Tus acciones pueden hacer la diferencia. Sé amable y ama a la gente. ¡Esa es la clase de sal y de luz que Jesús está buscando!

hora de ¡abrazos!

Al que brilla para Jesús... dale un fuerte ¡abrazo!

# ♥ ¡Él ya lo sabe!

Mateo 6:1-18

«Tu Padre sabe exactamente lo que necesitas, incluso antes de que se lo pidas».

(Mateo 6:8)

Jesús dijo que hay razones correctas e incorrectas para orar y para dar. Es bueno orar a Dios y dar a los pobres. Pero algunas personas hacen esas cosas por las razones *equivocadas*. Ellas no quieren que otros sepan lo bueno que es *Dios*. ¡Esas personas solo quieren mostrar lo buenas que son *ellas*!

 **¿Cuál es la razón correcta para orar?**

Los que aman a Dios y quieren pasar tiempo con él oran por las razones correctas. Esas personas creen que Dios ya sabe lo que es mejor para ellos aun antes de que se lo pidan. Cuando hablamos con Dios, deberíamos orar como oró Jesús:

> «Padre nuestro que estás en el cielo, que sea siempre santo tu nombre. Que tu reino venga pronto. Que se cumpla tu voluntad en la tierra como se cumple en el cielo. Danos hoy el alimento que necesitamos, y perdona nuestros pecados, así como hemos perdonado a los que pecan contra nosotros. No permitas que cedamos ante la tentación, sino que rescátanos del maligno».

 **¿Sabe Dios ya lo que necesito?**

Sí, ¡él ya lo sabe!

Aun antes de que salga el sol, Dios ya sabe tus necesidades para mañana... y él ha prometido suplir cada una de ellas. ¡Nuestro Padre en el cielo es un Dios maravilloso!

Al que ora y confía en Dios para el día de mañana... dale un fuerte ¡abrazo!

# ♥ Mi primer amor y el mejor de todos

## Mateo 6:19-34

«Busquen el reino de Dios por encima de todo lo demás, y lleven una vida justa, y él les dará todo lo que necesiten».
(Mateo 6:33)

Cuando le entregamos nuestro corazón a Jesús, él es nuestro *primer amor y el mejor de todos*. No podemos tener dos *primeros amores*. Jesús dijo que no podemos servir a Dios y al dinero. Pero él nos dijo que no nos preocupemos porque Dios nos cuidará. ¡Que Dios sea el *primer amor* en tu vida!

### ❤ ¿Cómo puedo dejar de preocuparme?

Cuando comiences a confiar en Dios, ¡dejarás de preocuparte! «Miren los pájaros —dijo Jesús—. Ellos no se preocupan, porque Dios los cuida. Primero busca a Dios, y no te preocupes por lo que sucederá mañana».

### ❤ ¿Puede Dios ser mi *primer amor y el mejor de todos*?

Sí, ¡él lo puede ser!

Si primero buscas a Dios por sobre todo lo demás, y si lo amas primero a él por sobre todos los demás, ¡Dios será tu primer amor, y él te dará todo lo que necesites!

❤

**Al que tiene a Dios como su primer amor y el mejor de todos... dale un fuerte ¡abrazo!**

# Sigue llamando

Mateo 7:7-11

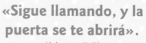

«Sigue llamando, y la puerta se te abrirá».
(Mateo 7:7)

Jesús tenía una lección para las personas poco perseverantes. Él dijo que nunca debemos dejar de pedir en oración. Que nunca debemos dejar de buscar la verdad de Dios. Que nunca debemos dejar de llamar a las puertas en las que podemos servir a Dios. ¡Nunca debemos darnos por vencidos! Levanta la vista y continúa orando.

♥ **¿Por qué debemos continuar pidiendo? ¿Por qué no contesta Dios nuestras oraciones enseguida?**
A veces Dios no contesta nuestras oraciones porque todavía no es el tiempo correcto. A Dios le encanta darles cosas buenas a sus hijos. Así que *continúa pidiendo* en oración hasta que te llegue la respuesta. *Sigue buscando* a Dios, y *sigue llamando* hasta que Dios abra la puerta.

♥ **¿Me dará Dios cosas buenas a mí?**
Sí, ¡él te las dará!

Si *continúas pidiendo*, Dios promete darte. Si *continúas buscando*, Dios promete que encontrarás. Y si *continúas llamando*, Dios te va a abrir puertas para que lo sirvas.

♥

Al que no deja de pedir, buscar y llamar... dale un fuerte ¡abrazo!

♥ ¡Jesús es tu Roca sólida!

Mateo 7:24-27

El Señor es mi roca.
(Salmo 18:2)

Una vez Jesús contó una historia sobre un constructor sabio y un constructor necio. El sabio construyó su casa sobre una roca. Cuando llegó la tormenta, la casa no se vino abajo, porque había sido construida sobre una roca grande y sólida que no se podía mover.

### ¿Qué es lo que hizo el constructor necio?

Construyó su casa sobre la arena. La arena no es fuerte como la roca. Cuando llegó la tormenta, ¡la casa construida en la arena se derrumbó! Jesús contó esta historia para enseñarnos a construir nuestras vidas sobre una base sólida.

### ¿Cómo puedo ser yo un constructor sabio?

Pon tu fe en Jesús, y construye tu vida en él. ¡Jesús es tu roca sólida!

Practica lo que dice Jesús. Construye sobre el fundamento firme de su Palabra, la Biblia. Cuando te lleguen problemas, tú estarás firme. Estarás a salvo porque tu vida ha sido construida en la Roca llamada Jesús. Elige ser sabio y sigue al Señor.

hora de ¡abrazos!

**Al que construye sobre Jesús, la Roca firme... dale un fuerte ¡abrazo!**

# Jesús calma la tormenta

Mateo 8:23-27

¡Hasta el viento y las olas lo obedecen!
(Mateo 8:27)

Jesús y sus discípulos entraron en una barca y comenzaron a cruzar el lago. De pronto, se desató una fuerte tormenta. ¡Las olas eran tan altas que entraban en la barca!

### ¿Qué hizo Jesús?

Jesús dormía. Pero sus discípulos tuvieron mucho miedo. Ellos clamaron a Jesús: «¡Sálvanos!». Jesús se despertó y le dijo a la tormenta: «¡Cálmate!». Enseguida, el viento y las olas obedecieron a Jesús. Todo estuvo en calma.

### ¿Obedecen *todavía* a Jesús el viento y las olas?

Sí, lo obedecen.

Cuando sientes miedo, es bueno saber que puedes ir a Jesús para pedirle ayuda. Él calmará la tormenta o te calmará a ti hasta que la tormenta haya pasado. No debes tener miedo, ¡porque el viento y las olas todavía obedecen a Jesús!

Al que le ora a Jesús durante la tormenta... dale un fuerte ¡abrazo!

# ♥ Cómo tener una fe gigante

Mateo 17:14-20

La fe es la confianza de que en verdad sucederá lo que esperamos; es lo que nos da la certeza de las cosas que no podemos ver.
(Hebreos 11:1)

Un hombre trajo a su hijo enfermo a los discípulos de Jesús. Ellos trataron de sanar al joven, pero no pudieron.

—¡Jesús, por qué no pudimos? —le preguntaron los discípulos.

Jesús les dijo:

—Ustedes no tienen suficiente fe.

**¿Qué quiso decir Jesús?**

La fe es algo que crece, al igual que una planta. Un árbol grande puede crecer de una pequeña semilla. Jesús dijo: «Si tuvieran fe tan pequeña como una semilla de mostaza podrían mover montañas. Nada sería imposible para ustedes». Si usas tu fe, ¡cada vez será más grande y más fuerte!

 **¿Cómo puedo aumentar mi fe?**

¡Obedeciendo la Palabra de Dios!

No sabemos lo que sucederá cuando obedecemos, pero Dios lo sabe. La Biblia dice que no debes mentir, y tú debes usar tu fe para decir la verdad. La Biblia dice: «Ama a tu prójimo», y tú debes usar tu fe para ser amable y compartir con otras personas. Haz lo que dice la Biblia… ¡y verás cómo aumenta tu fe!

hora de ¡abrazos!

Al que le crece la fe como una semilla de mostaza… dale un fuerte ¡abrazo!

117

# ♥ La ovejita perdida
## Mateo 18:12-14

«No es la voluntad de mi Padre celestial que ni siquiera uno de estos pequeñitos perezca».
(Mateo 18:14)

Jesús contó una historia para mostrar que el amor de Dios es lo suficientemente grande como para alcanzar a todas las personas. Él dijo: «Un pastor tenía 100 ovejas, pero una de ellas se apartó y se perdió».

**¿Qué fue lo que hizo el buen pastor?**

«¡Fue a encontrar a la oveja perdida! Dejó a las otras 99 ovejas, que estaban a salvo, para ir a buscar a la ovejita perdida. Y cuando la encontró, se sintió muy feliz. Al igual que el pastor, Dios quiere que todos estemos seguros a su lado».

 **¿Me buscará Dios a mí si me pierdo?**

Sí, te buscará. Él envió a Jesús para buscar y salvar a todos los que estaban perdidos.

La historia de Jesús acerca de la oveja perdida en realidad es una historia acerca del amor de Dios. Él quiere que todos vayamos al cielo. Dios ama a cada una de sus «ovejitas». ¡Jesús es el buen Pastor que busca a las ovejas perdidas!

hora
de
¡abrazos!

 A la ovejita que Jesús ama... dale un fuerte

 ¡abrazo!

# Amigos con fe

Marcos 2:1-12

La casa estaba totalmente llena de gente. Todos querían escuchar a Jesús cuando enseñaba la Buena Noticia del amor de Dios. De pronto, pedazos del techo comenzaron a caer. Todos miraron hacia arriba. ¡Cuatro hombres estaban haciendo un agujero en el techo!

 **¿Qué estaba sucediendo?**

Los cuatro hombres sabían que Jesús podía sanar a su amigo que estaba enfermo. Pero no lograron abrirse paso entre la muchedumbre. Así que hicieron un agujero en el techo y bajaron al hombre en la camilla justo frente a donde Jesús estaba. Jesús sanó al hombre enfermo porque tenía *amigos con fe*.

 **¿Puedo yo también ser un *amigo con fe* como esos hombres?**

Sí, lo puedes ser.

Los amigos con fe son personas muy especiales. No permiten que nada les impida traer sus amigos a Jesús. ¡Sé un amigo con fe para alguien que conoces!

hora
de
¡abrazos!

Al que es un *amigo con fe...* dale un fuerte ¡abrazo!

# ♥ El almuerzo de un muchachito

## Juan 6:1-13

No se olviden [...] de compartir lo que tienen con quienes pasan necesidad.
(Hebreos 13:16)

Unas cinco mil personas se habían reunido para escuchar a Jesús. Se estaba haciendo tarde, y todos tenían hambre. Un muchachito estuvo dispuesto a compartir su almuerzo. Pero tenía solamente cinco pequeños panes de cebada y dos pescados.

### ♥ ¿Qué hizo Jesús?

Jesús tomó los panes y los pescados, los bendijo y le dio gracias a Dios por ellos. Luego los partió en pedazos y los distribuyó entre la gente. Todos comieron hasta que se saciaron. ¡Llenaron 12 canastas con lo que sobró!

### ♥ ¿Puedo compartir lo que tengo con Jesús?

Sí, lo puedes hacer.

Podemos quedarnos con lo que tenemos, o se lo podemos dar a Jesús. Al igual que con los panes y los peces, ¡Jesús puede bendecir lo poco que tenemos y convertirlo en mucho!

hora de
¡abrazos!

Al que comparte lo que tiene con Jesús... dale un fuerte

¡abrazo!

123

# ¡Jesús ama a los niños!

Marcos 10:13-16

«Dejen que los niños vengan a mí».
(Marcos 10:14)

¡Jesús ama a los niños! Algunos padres habían traído a sus hijos para que Jesús orara por ellos. Pero los discípulos de Jesús les dijeron que no lo molestaran. Pensaron que Jesús solamente tenía tiempo para las *personas mayores*, y no para los niños.

### 🖤 ¿Qué hizo Jesús?

Él se enojó con sus discípulos. Jesús les dijo: «Dejen que los niños vengan a mí. El reino de Dios les pertenece a las personas que son como estos niños». Luego Jesús tomó a los niños en sus brazos y oró por ellos pidiéndole a Dios que los bendijera.

### 🖤 ¿Qué lección estaba enseñando Jesús?

Que debemos depender de Dios para todas las cosas.

Los niños no se preocupan acerca de tener trabajo o dinero. Dependen de sus padres que los aman para proveerles lo que necesitan. Nuestro Padre celestial quiere que nosotros dependamos de él de la misma forma. Sin importar lo jóvenes o ancianos que seamos, siempre debemos depender de Dios.

hora de ¡abrazos!

Al que depende del Señor... dale un fuerte ¡abrazo!

# ♥ ¡Llamando al doctor Jesús!

## Lucas 5:27-32

Jesús les contestó: «La gente sana no necesita médico, los enfermos sí».
(Lucas 5:31)

Mateo era un cobrador de impuestos muy ocupado. Entonces Jesús vino y le dijo: «Sígueme». Enseguida, Mateo dejó su trabajo de cobrar impuestos y se hizo uno de los discípulos de Jesús. Más tarde, Mateo tuvo una gran fiesta en su casa para honrar a Jesús.

## ♥ ¿Qué sucedió a continuación?

A la fiesta asistieron muchos otros cobradores de impuestos. Los líderes de la iglesia le preguntaron a Jesús: «¿Por qué comes con esa gente mala?». Jesús contestó: «Esa gente mala está enferma. Necesitan que Dios los perdone». Jesús es como un doctor que puede sanar nuestro corazón y devolvernos la salud.

## ♥ ¿Necesitamos todavía al doctor Jesús hoy?

Sí, ¡lo necesitamos!

Solamente Jesús puede sanar nuestros corazones llenos de pecado. Para Jesús, las palabras *pecado* y *enfermedad* significan lo mismo. Así que ya sea que Jesús sane nuestras enfermedades o perdone nuestros pecados, todavía ¡él es el doctor Jesús!

♥

Al que el doctor Jesús sana... dale un fuerte ¡abrazo!

# ♥ Ve y haz lo mismo

Lucas 10:25-37

Un día un hombre le hizo una pregunta astuta a Jesús: «¿Quién es mi prójimo, mi vecino?». Jesús le respondió con una historia acerca de una persona de «**ir** y **hacer**». Jesús dijo: «A un hombre lo atacaron, lo robaron y lo dejaron herido al lado del camino. Luego, tres hombre pasaron por su lado».

**¿Qué fue lo que hicieron esos hombres?**

Dos vieron al herido y siguieron de largo sin detenerse. Pero el tercer hombre se detuvo y lo ayudó. Luego Jesús preguntó:

—¿Quién de los tres te parece que fue el prójimo, el vecino, del herido?

El hombre le contestó:

—El que lo ayudó.

Jesús dijo:

—Así es, ahora **ve** y **haz** lo mismo.

**¿Adónde debo ir y qué debo hacer yo?**

¡Debes ir a ayudar a otras personas!

Todos los días, a medida que **vas** por tu camino, debes **hacer** cosas que ayuden a otras personas. Si ves a alguien que tiene una necesidad, ayuda a esa persona. Cuando lo haces, estás siendo un buen vecino. ¡Eso es exactamente lo que Jesús quiere que seas!

hora de ¡abrazos!

**Al que es un buen vecino... dale un fuerte ¡abrazo!**

# María y Marta
## Lucas 10:38-42

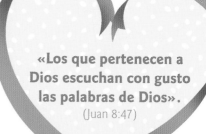

«Los que pertenecen a Dios escuchan con gusto las palabras de Dios».
(Juan 8:47)

María y Marta eran hermanas y ambas amaban al Señor. Un día ¡Jesús fue a la casa de ellas! Marta siguió ocupada cocinando y limpiando. María se sentó a los pies de Jesús y escuchaba cuidadosamente cada una de sus palabras.

**¿Hizo todo el trabajo Marta?**

Sí, lo hizo, y se sintió molesta.

—¡Dile a María que venga a ayudarme! —dijo.

Jesús le respondió:

—Marta, tu hermana está haciendo lo correcto. Es bueno trabajar mucho, pero es aún mejor aprender acerca del reino de Dios.

 **¿Deberíamos ser como María o como Marta?**

Podemos ser como las dos. Hay un tiempo para *trabajar* como Marta, y un tiempo para *escuchar* como María.

Si tu trabajo te impide escuchar a Dios, tal vez necesites *trabajar* un poco menos y *escuchar* un poco más. ¡Solo recuerda escuchar como María y trabajar como Marta!

*hora de ¡abrazos!*

**Al que escucha como María y trabaja como Marta... dale un fuerte ¡abrazo!**

# Dale gracias a Dios todos los días

Lucas 17:11-19

¡Den gracias al SEÑOR, porque él es bueno!
(Salmo 136:1)

Jesús dijo que la fe puede mover una montaña. También puede remover (que quiere decir sacar) una montaña de tristeza y traer gran gozo. Un día Jesús se encontró con 10 hombres leprosos. La lepra es una terrible enfermedad de la piel. Los hombres le gritaron: «¡Jesús, sánanos!».

### ¿Qué hizo Jesús?

Jesús les dijo: «Vayan y preséntense a los sacerdotes». Los hombres todavía no estaban sanos, pero obedecieron. Y cuando iban por el camino, sus cuerpos fueron sanados. ¡La lepra había desaparecido!

### ¿Regresaron los 10 hombres para darle las gracias a Jesús?

¡Solo uno de ellos regresó para darle gracias a Dios por el milagro!

Dale gracias a Dios hoy por tus bendiciones. Si estás *sano*, dale gracias... muchas personas están enfermas. Si tienes *comida*, dale gracias... muchas personas pasan hambre. ¡Dale gracias a Dios todos los días por las bendiciones que él te da!

Al que es agrade-
cido...
dale un
fuerte
¡abrazo!

# ♥ «¡Quiero ver a Jesús!»

Lucas 19:1-10

[Jesús] vino a buscar y a salvar a los que están perdidos.
(Lucas 19:10)

Una multitud de personas seguía a Jesús. Allí estaba un cobrador de impuestos llamado Zaqueo. Él quería ver a Jesús, pero debido a que era de poca estatura, no podía ver por encima de la multitud. ¡Entonces se le ocurrió una idea!

### ♥ ¿Qué hizo Zaqueo?

Un poco más adelante había un árbol alto al costado del camino. Así que Zaqueo se subió al árbol. Cuando Jesús pasaba, miró a Zaqueo y le dijo: «¡Baja enseguida porque debo hospedarme hoy en tu casa!».

### ♥ ¿Cambió Zaqueo después de haber conocido a Jesús?

Sí, ¡Zaqueo cambió!

Cuando Zaqueo se bajó del árbol, él era un hombre *perdido*. Eso quiere decir que todavía él no conocía ni creía en Jesús. Pero Jesús vino a salvar a los perdidos. El Señor fue a la casa de Zaqueo y le habló acerca del plan de Dios. ¡Zaqueo creyó y fue *salvo*!

hora
de
¡abrazos!

Al que quiere ver a Jesús... dale un fuerte ¡abrazo!

# ♥ Hagan esto para recordar

## Lucas 22

«Hagan esto en memoria de mí».
(Lucas 22:19)

Jesús estaba comiendo la cena de Pascua con sus discípulos. Esa era una comida especial para recordar que Dios había librado a los judíos de ser esclavos en Egipto. Pero Jesús sabía que esa era una Pascua muy especial.

**¿Qué fue especial acerca de esa Pascua?**
Jesús usó la Pascua para enseñarles a sus discípulos que él tenía
que ir a la cruz. Jesús tomó el pan, dio gracias, lo partió en trozos,
y dijo: «Esto es mi cuerpo, que es *entregado* por ustedes».

 **¿Cómo llamamos a esta comida especial?**
La llamamos «La cena del Señor».

Jesús dijo que hiciéramos eso para recordar que él fue entregado
y murió por nosotros. Cuando compartimos la cena del Señor,
estamos en comunión con Jesús y los unos con los otros,
porque todos adoramos a Aquel que murió para salvarnos
de nuestros pecados.

hora
de
¡abrazos!

**Al que
sabe lo que
es *la cena
del Señor*...
dale un
fuerte
¡abrazo!**

137

# ♥ ¡Ha resucitado!
## Marcos 16:1-7

«¡Ha resucitado!»
(Lucas 24:6)

Apenas había amanecido, aquel domingo de mañana. Tres mujeres fueron al lugar donde habían sepultado a Jesús. ¡Se llevaron una gran sorpresa! La enorme piedra de la entrada de la tumba había sido corrida a un lado.

### ♥ ¿Qué fue lo que encontraron adentro?

Cuando entraron al lugar donde Jesús había sido sepultado, se sorprendieron aún más. ¡Jesús no estaba allí! Vieron un ángel que les dijo: «¡Jesús no está aquí! ¡Ha resucitado!».

### ♥ ¿Estaba Jesús realmente vivo?

¡Sí! La Biblia dice que ¡Dios resucitó a Jesús de los muertos!

Ahora Jesús vive en el cielo. Si amamos a Jesús, algún día estaremos en el cielo con él. ¡Jesús es más fuerte que la muerte! Todos los años, en la época de la Pascua, recordamos que Jesús resucitó de los muertos. Es por eso que decimos: «¡Ha resucitado!».

hora de ¡abrazos!

♥

Al que puede decir: «¡Ha resucitado!»... dale un fuerte ¡abrazo!

# Esteban perdona

Hechos 6–7

«Si perdonas a los que pecan contra ti, tu Padre celestial te perdonará a ti».

(Mateo 6:14)

Esteban servía al Señor fielmente. Estaba lleno del amor y de la gracia de Dios. Le hablaba a todo el mundo acerca del amor de Jesús. Esteban era un hombre bueno, pero algo muy malo le sucedió.

### ¿Qué le pasó a Esteban?

Esteban tuvo problemas por haber hecho lo correcto. Dijo la verdad cuando le dijo a la gente: «¡Ustedes desobedecen a Dios!». Eso hizo enfurecer a los sacerdotes. Apedrearon a Esteban y lo mataron. Pero antes de ir al cielo para estar con Jesús, Esteban los perdonó.

### ¿Debemos nosotros perdonar también a los que nos hieren?

Sí, debemos hacer lo que hizo Esteban.

Esteban perdonó porque quiso obedecer a Jesús y ser como el Señor. Jesús dijo: «Si perdonas a los que te lastiman, Dios te perdonará a ti». Así que sé como Esteban... y Jesús. ¡Aprende a perdonar!

Al que está aprendiendo a perdonar... dale un fuerte ¡abrazo!

# ♥ Prepárate para compartir

Acts 8:26-38

Sé un buen obrero [...] que explica correctamente la palabra de verdad.

(2 Timoteo 2:15)

Felipe era discípulo de Jesús. Un ángel se le apareció y le dijo que fuera a cierto lugar. Cuando iba en camino, Felipe se encontró con un hombre de Etiopía. Ese hombre estaba sentado en su carruaje leyendo la Biblia.

💜 **¿Qué fue lo que le dijo Felipe?**

Felipe le preguntó al hombre si entendía lo que estaba leyendo. «Necesito un maestro», le contestó el hombre. ¡Felipe estaba *preparado para compartir*! Él le explicó la Buena Noticia acerca de Jesús. Cuando llegaron a un lugar donde había agua, Felipe bautizó al hombre.

💜 **¿Cómo me puedo preparar para compartir?**

¡Prepárate para compartir comenzando con oración!

Todos los días Felipe pasaba tiempo con Dios. Él leía la Biblia y también aprendía de memoria versículos favoritos. Al igual que Felipe, nosotros también debemos *prepararnos para compartir*. ¡Lee la Biblia y ora!

hora
de
¡abrazos!

💜

Al que estará *preparado para compartir*... dale un fuerte ¡abrazo!

# Cambiado en el camino a Damasco

Hechos 9:1-22

Dejen que Dios los transforme en personas nuevas al cambiarles la manera de pensar.
(Romanos 12:2)

144

Saulo iba caminando por el sendero a Damasco. Iba allí para buscar a los seguidores de Jesús, llamados creyentes. Quería atraparlos y encarcelarlos. ¡Saulo odiaba a los creyentes! Pero Dios tenía un plan para cambiarle la manera de pensar a Saulo.

### ¿Cómo cambió Dios a Saulo?

En el camino a Damasco, una luz brillante cegó a Saulo. Él escuchó la voz de Jesús que le decía: «Saulo, ¿por qué eres tan malo conmigo?». Saulo sintió temor. Pero cuando Jesús le dijo que fuera a la ciudad, Saulo obedeció.

### ¿Qué sucedió a continuación?

Dios envió a un hombre para que le sanara los ojos a Saulo. ¡Él pudo ver de nuevo!

Cuando pudo ver de nuevo, Saulo se arrepintió. Eso quiere decir que cambió su manera de pensar. Ahora él amaba a Jesús y quería ayudar a los creyentes en lugar de lastimarlos. ¡Saulo comenzó a decirle a toda la gente que Jesús es Señor! Cuando aceptamos a Jesús como Señor, cambiamos nuestra manera de pensar... ¡igual que Saulo cambió su manera de pensar!

Al que Jesús le ha cambiado la vida... dale un fuerte ¡abrazo!

# ♥ ¡Es un milagro!

Hechos
9:36-42

Recuerden las
maravillas y los
milagros que ha
realizado.
(Salmo 105:5)

146

Dorcas era una seguidora de Jesús. Siempre servía amablemente a los demás y ayudaba a los pobres. Aun les hacía ropa. Un día, Dorcas se enfermó mucho y murió. Sus amigos estaban muy tristes, pero creían que la oración cambia las cosas.

### ♥ ¿Oraron por Dorcas?

Sí. Pedro oró y le pidió a Dios que hiciera un milagro. Entonces dijo: «Dorcas, levántate», y ¡Dorcas abrió los ojos y se sentó! Dios resucitó a Dorcas por la *oración* de Pedro pidiendo que el Señor hiciera un *milagro*.

### ♥ ¿Pueden mis oraciones cambiar algunas cosas?

¡La oración *siempre* cambia las cosas!

Cuando oramos, tal vez Dios cambie algo grande, como el milagro que Dios hizo por Dorcas. O Dios puede cambiar algo no tan grande, como es ayudarte a dormir toda la noche. Pero recuerda, ya sea algo grande o pequeño, toda oración es una *oración que pide un milagro*.

hora de ¡abrazos!

♥

**Al que cree en los milagros... dale un fuerte ¡abrazo!**

# Juan Marcos

Hechos 12:25–13:5

«En cuanto a mí y a mi familia, nosotros serviremos al Señor».
(Josué 24:15)

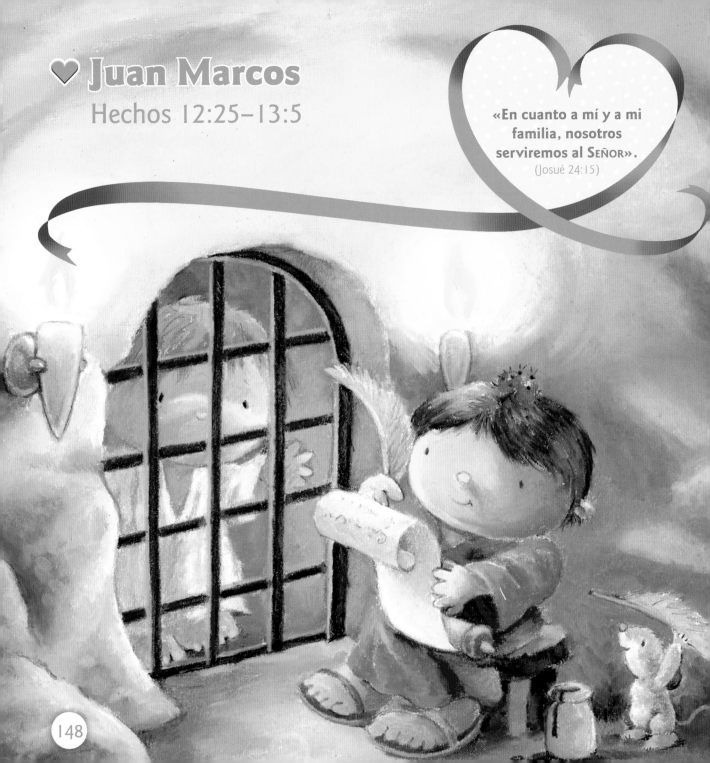

Juan Marcos tenía un amigo especial que se llamaba Pedro. Pedro era uno de los 12 discípulos que siguieron a Jesús. Cuando Pedro fue encarcelado por predicar, Juan Marcos llegó para servir.

### ♥ ¿Cómo sirvió Juan Marcos?

Juan Marcos se sentó afuera de la cárcel y escuchó a Pedro. Luego él escribió muchas historias maravillosas acerca de Jesús. ¡Puedes leer esas historias en el libro de Marcos, en la Biblia!

### ♥ ¿Cómo puedo servir yo al Señor?

¡Hay muchas maneras de servir!

Juan Marcos sirvió al Señor escribiendo. Tal vez tú usarás las manos para ayudar a algunas personas. O tal vez uses la voz para alabar a Dios. Josué dijo que tú debes *elegir* a quién vas a servir. ¡Siempre debemos elegir servir al Señor!

hora
de
¡abrazos!

Al que elige servir al Señor... dale un fuerte

¡abrazo!

# ♥ ¡La cárcel se sacude!

## Hechos 16:16-34

«¿Qué debo hacer para ser salvo?»
(Hechos 16:30)

Jesús le cambió totalmente la vida a Saulo. El Señor inclusive le cambió su nombre y lo llamó Pablo. Pero a algunas personas no les gustaba la prédica de Pablo. Pusieron a Pablo y a su amigo Silas en la cárcel por hablarle a la gente acerca de Jesús.

**¿Qué sucedió en la cárcel?**

Pablo y Silas estaban cantando alabanzas a Dios. De pronto, un terremoto sacudió la cárcel. El carcelero pensó que ellos se habían escapado hasta que Pablo gritó: «¡Estamos todos aquí!». El carcelero les preguntó: «¿Cómo puedo ser salvo, como ustedes?».

 **¿Qué le contestó Pablo al carcelero?**

Pablo dijo: «Cree y acepta lo que Jesús ha hecho por ti. Entonces serás salvo».

¿Qué fue lo que Jesús hizo por ti? Él murió en la cruz para quitarte tus pecados. Cuando crees esto, ¡eres salvo!

hora de ¡abrazos!

Al que Jesús ha salvado... dale un fuerte ¡abrazo!

# ♥ El amor en acción

Hechos 17:1-9

Que nuestro amor no quede solo en palabras; mostremos la verdad por medio de nuestras acciones.

(1 Juan 3:18)

DIOS ES AMOR

152

La casa de Jasón era un lugar donde los seguidores de Dios eran muy bien recibidos. Pablo y Silas, que eran los amigos misioneros de Jasón, habían ido a visitarlo. Pero algunos hombres malos querían poner a Pablo y a Silas en la cárcel. Así que fueron a la casa de Jasón con una cantidad de gente muy enojada.

### ¿Qué sucedió a continuación?

Pablo y Silas no estaban allí, entonces la multitud tomó a Jasón y a otros creyentes. Llevaron a Jasón ante un juez, y dijeron que era un alborotador porque les hablaba a las personas acerca de Jesús. Pero Dios lo protegió. ¡Jasón puso en acción su amor por el Señor!

### ¿Puedo yo poner también en acción mi amor por el Señor?

Sí, lo puedes hacer.

La palabra *amor* indica acción. Es algo que *hacemos*, no algo de lo que solamente hablamos. La Biblia dice que el amor se demuestra siendo *pacientes y amables* con otras personas. Cuando ponemos nuestro amor en acción de esa forma, ¡estamos agradando a Dios!

hora de ¡abrazos!

**Al que pone su amor en acción... dale un fuerte ¡abrazo!**

# Sirve a Jesús sirviendo a otras personas

Romanos 16:1-2

«Cuando hicieron alguna de estas cosas al más insignificante de estos, mis hermanos, ¡me lo hicieron a mí!»
(Mateo 25:40)

Se menciona a Febe solo una vez en la Biblia. Pablo dijo que ella era una sierva de Jesús y que era digna de honra. En su iglesia, ¡Febe era conocida por sus buenas obras!

♥ **¿Qué fue lo que la hizo una buena sierva?**
Lo que más quería Febe era servir a Jesús. Ella lo aprendió a hacer sirviendo, amando y ayudando a otras personas. Jesús dijo que cuando somos amables con otras personas, ¡estamos siendo amables con él!

♥ **¿Puedo servir a Jesús de la misma forma?**
Sí, ¡lo puedes hacer!

Cuando ves a alguien que tiene hambre o sed, o que está enfermo, ayuda a esa persona como si estuvieras ayudando a Jesús. Para Jesús, toda la gente es importante. Él quiere que nosotros ayudemos a los necesitados. Cuando sirves a otras personas, tal como lo hizo Febe, ¡estás sirviendo a Jesús!

hora
de
¡abrazos!

♥

**Al que sirve a Jesús sirviendo a otras personas... dale un fuerte ¡abrazo!**

# ♥ Ámense los unos a los otros

2 Juan 1:4-6

Sigamos amándonos unos a otros, porque el amor viene de Dios.
(1 Juan 4:7)

En la Biblia hay 20 mandamientos que usan la frase «unos a otros». Dios dice que debemos servirnos *unos a otros*, alentarnos *unos a otros* y perdonarnos *unos a otros*. Pero uno de esos mandamientos «unos a otros» aparece más veces que los demás.

### ♥ ¿Cuál «unos a otros» es ese mandamiento?

El que dice que debemos **AMARNOS** *unos a otros*. Puesto que Dios es amor, él quiere que nos amemos *unos a otros*. ¡Nuestra tarea es compartir el amor de Dios con toda la gente!

### ♥ ¿Cómo les puedo demostrar el amor de Dios a otros?

La Biblia dice que el amor no le hace mal a nadie. Eso quiere decir que nunca debemos herir a las personas o decirles cosas malas. En cambio, debemos tener paciencia y ser amables. Debemos decir cosas buenas y ser serviciales. Recuerda que ¡Dios es el que nos da el amor, la paciencia, la amabilidad y la bondad que podemos compartir *unos con otros*!

hora
de
¡abrazos!

Al que ama a los que están a su alrededor... dale un fuerte ¡abrazo!

# ¡Abrazos celestiales!

El cielo debe de estar lleno de abrazos. ¿Por qué? Porque ¡la Biblia dice que «Dios es amor»! Y donde hay espíritu de amor, ¡siempre vas a encontrar muchos abrazos! Dios también quiere que nosotros lo amemos a él. Todos los personajes de la Biblia sobre los cuales hemos leído en este libro amaban a Dios con todo su corazón. Y yo sé que tú también amas a Dios.

¡Digámoselo en oración ahora mismo!

**Querido Dios:**
**¡Tú eres maravilloso! Cómo quisiera poder darte un gran abrazo en este mismo momento. ¡Pero un día lo haré! ¡Te amo, Señor, y sé que tú también me amas a mí! Recuerda que tengo un gran abrazo celestial reservado solo para ti. Hasta que te vea, te amaré con todo mi corazón.**

**Un fuerte abrazo,**

*firma tu nombre aquí:*

¡comparte•un•abrazo!™

www.comparte-un-abrazo.com